ACAJOU

OPERA COMIQUE

En trois Actes,

EN VAUDEVILLES

Par le Sr. F A V A R T;

Répresenté à Bruxelles par les Comédiens de S. A. S. MONSEIGNEUR LE COMTE DE SAXE, Marechal Général des Camps & Arméesdu ROY, & Commandant general des Pays-Bas.

Le Prix est de 24. sols sans Musique & 48. sols avec tous les Airs gravés & les Trio.

M. DCC. XLVIII.

ACTEURS.

ACAJOU, Mlle *Beaumenard.*

ZIRPHILE, Mlle *Chantilli.*

La Fée **HARPAGINE**, *le Sr Rebours.*

La Fée **NINETTE**, *la petite Evrard.*

PODAGRAMBO Arlequin.
METROMANE Géometre } *Le Sr Dreuillon.*

MORTIFER, Maître d'armes & Medecin
Le S^r. L'Ecluse.

GUEULARD, Huiſſier, *le Sr Beaumout.*

GLAPISSANT Avocat, *le Sr Parent.*

FAUSSET Procureur, *N. . . .*

Cette Piece eſt rirée du Conte d'Acajou, de Mr Duclos, elle fut d'abord jouée en Proſe & Couplets à Paris le 18. Mars 1744. ſur le Théatre de la foire St. Germain, après la défenſe faite à l'Opera Comique de parler, on la répreſenta toute en Vaudevilles à la Foire St. Laurent ſuivante, & ſur le Théatre de l'Academie Royale de Muſique au mois d'Octobre de la même année.

ACAJOU

OPERA COMIQUE.

ACTE PREMIER.

Le Théatre repréſente le Palais d'Harpagine orné de Magots & de Colifichets dans le gout moderne.

SCENE PREMIERE.

PODAGRAMBO, HARPAGINE.

Air : Nº 88. *Vous voulez me faire chanter.*

Ebien quand nous marirons nous?
Faut-il attendre encore.

HARPAGINE.

Vous ſerez bientôt mon Epoux,
Un beau Prince m'adore.

P O D A G R A M B O.

Fort bien : c'est par necessité
Qu'Harpagin e m'épouse.
C'est trop d'honneur, en verité.

H A R P A G I N E.

Oh point d'humeur jalouse.

Air : Nº 53. *On n'aime point dans nos Forêts.*

Eh quoi, Seigneur, vous oubliez
L'Arrêt du Conseil de Féerie;
Pour être ensemble mariés.
Nous devons sans supercherie,
Inspirer pour nous de l'Amour.

P O D A G R A M B O.

C'est vous jouer un malin tour.

H A R P A G I N E

Air : Nº 89. *Il faut suivre la mode.*

A votre merite, à vos traits,
Si mon cœur est inaccessible;
Si malgré mes puissans attraits,
Je n'ai pu vous rendre sensible;
Dois-je donc rester sans emploi ?
Non, le Cœlibat m'incommode,
Un autre m'aime, épousez moi,
Il faut suivre la mode.

PODAGRAMBO.

AIR : N° 90. *Et mon petit cœur de quinze ans.*

Oui, touchez là, vous m'infpirez :
Dès ce jour vous m'époufèrez ;
Zirphile fera ma conquête.

HARPAGINE.

C'eft bien dit ; Zirphile eft fi bête
Qu'affurement vous lui plairez.

AIR : N° 91. *L'autre nuit j'apercus en fonge.*

Mais Ninette fa protectrice
Poura detruire vos projets :
Songez quelle veille de près
Sur ce petit cœur fans malice.

PODAGRAMBO.

Oh ma préfence detruira
Ce que la Fée entreprendra.

AIR : N° 92. *Carillon de Melufine.*

Cette petite fole là
Haute à peu près comme cela,
Qui ne dit rien que des Sornettes
A moins qu'elle n'ait fes Lunettes,
N'arretera pas, ma foi,
Un genie auffi grand que moi.

H A R P A G I N E.

A I R : No 28. *Je ne sçais pas écrire.*

Moi j'eleve dès le Berceau,
Un Prince aimable & le plus beau
Qui soit dans la nature :
Aucune femme dans ces lieux,
Hors moi, ne s'offrit à ses yeux,
Non pas même en peinture.

A I R : Nº 93. *Le Masque tombe.*

L'amour éclot avec l'Adolescence,
Et d'Acajou, les desirs vont germer :
Mes soins, mon sexe, & le besoin d'aimer,
Ont sur son cœur étandu ma puissance.

P O D A G R A M B O.

A I R : Nº 25. *Tout roule aujourd'hui dans le monde.*

S'il en voyoit de plus aimable,
Je craindrois pour vous.

H A R P A G I N E.

                    Point du tout ;
Je lui semblerois préférable,
En lui j'ai fait naître un faux gout.

P O D A G R A M B O.

Un tel projet me paroit drole.

H A R P A G I N E.

Tous ses Maîtres sont déplacés ;

Par l'education frivole,
Les traits du vrai font éfacés.

AIR : No 13. *On n'aime point dans nos Forêts.*

Mais le voilà. Qu'il a d'attraits !
A bien choifir je fuis Habile.

PODAGRAMBO.

Il a la taille, il a les traits
De la jeune & tendre Zirphile ;
Mais Zirphile eft dans fa façon
Plus parfaite que ce garçon

SCENE II.
ACAJOU, PODAGRAMBO, HARPAGINE.

ACAJOU.

AIR : No 94. *Nous fommes Precepteurs d'Amour*

QUel eft cette Zirphile ?

HARPAGINE.

Rien.

PODAGRAMBO.

Commment rien ! Madame Harpagine.

HARPAGINE   *(bas à Podagrambo.)*

Paix donc.

P O D A G R A M B O.

La connoissez vous bien ?
C'est une Princesse divine.

H A R P A G I N E   *(bas à Podagrambo)*

A I R : N° 95.

Encore !

P O D A G R A M B O.

Ses Jardins
Des votres sont voisins.

H A R P A G I N E (à part)

Ah quelle Buze !

P O D A G R A M B O.

Venez, vous la verrez,
Alors vous me direz
Si je m'abuze.

A C A J O U.

A I R : N° 96. *Silvie j'ai vû vos beaux yeux.*

Zirphile !   (*bis.*)
Je voudrois la voir
Dans cet azile,
Comblez mon espoir
Je passe

Des

Des momens facheux,
L'ennui s'efface
Lors que l'on est deux.

Air : No 27. *La jeune Abbesse de ce lieu.*

HARPAGINE.

Eh ne suis-je pas avec toi?

ACAJOU.

Mais Zirphile....

HARPAGINE.

Je vaux mieux qu'elle;
Bon, elle est laide au prix de moi.

ACAJOU.

Ah tant mieux, vous êtes si belle!
Qu'à coup sûr, sa laideur me plaira

PODAGRAMBO (*se mocquant d'Harpagine*)

Que repondez vous à cela?

HARPAGINE.   (*à Podagrambo*)

Air : No 98. *Les trembleurs*

Peste soit du plat genie!
Ta sotise est infinie....

PODAGRAMBO.

Air : No 99. *Paris est en grand Deuil.*

Ma future moitié,

B

Taisez vous, par pitié,
Pourquoi tant de tapage?
Il semble, à ce train la,
Que nous ayons déja
Six mois de mariage.

HARPAGINE   (à part)
Air : No 100. *Quand le peril est agreable.*

O Dieux, qu'il me causé d'allarmes!
(à *Podagrambo*)
Suivez mes pas. (à *Acajou*) Adieu, mon che
Voilà le Docteur Mortifer,
Votre Maître en fait d'armes.

S C E N E III.

MORTIFER *Medecin vetu en Président de la
faculté.*
A C A J O U.
MORTIFER (*présentant des Fleurets à Acajou*)

Air : No 66.

Seigneur, *recipe* ce fleuret;
Je vais démontrer le secret
De tuer proprement un homme:
Pour cet art; Je suis un tresor,
In utroque l'on me renomme
Medicus sum & Doctor.

ACAJOU.

Air : N° 101.

Mais Monfieur, à ce qu'il me femble,
La fcience d'un Medecin
Et l'art d'un Spadafin
Ne fimpatifent guere enfemble.

MORTIFER.

Air : N° 102. *J'écoutois de là fon caquet.*

Maître d'Armes & Medecin
Ont entre eux peu de difference;
Tous deux poffedent la fcience
De détruire le genre humain.

Air : N° 103. *Il étoit un Moine blanc.*

L'un ainfi que l'autre enfin,
Par un principe certain,
Avec la tierce & la quarte,
De ce monde vous écarte.

ACAJOU.

Air : N° 104. *A fa voifine.*

Un Medecin aparament,
felon votre fiftême,
Ne guerit point.

MORTIFER.

Si fait, vraiment;
Votre erreur est extrême:
Nous sçavons radicalement
Guerir la maladie,
Et le malade simplement
En perd la vie.

Sublata causa tollitur effectus.

AIR : No 105. *Iris est plus charmante.*

Mais cela nous retarde,
C,à, mettez-vous en garde,
Qu'icy l'on me regarde
Pour mieux toucher au but.
Que le corps sur la hanche
Penche,
Ayez chaque omoplate
Plate,
Relevez l'occiput,
Bon, fort bien. Faites moy le salut.

AIR : No 106. *Il a la fin montre au gousset.*

Songez à tourner le poignet;
Car des armes tout le secret
Dépend de son sistole
Et de son diastole.

AIR : Nᵒ 22. *De néceffité néceffitante.*

La pointe au corps, ferrez la mefure,
Les mufcles tendus & la main fure,
Il faut qu'avant le pied le coup parte ;
Allons faites moi une pulfation à l'epée de tierce,
Detergez & tirez moi de quarte.

(*Acajou lui porte plufieurs Bottes*)

MORTIFER.

AIR : Nᵒ 107. *Oreguingué Olonlanla.*

Ahi ahi ahi.

ACAJOU.

Vous devez parer.

MORTIFER.

Non je ne fçai que démontrer,
Ce n'eft pas à moi d'operer,
Ma main en feroit avilie,
C'eft le fait de la Chirurgie.

AIR : Nᵒ 108. *De fes yeux la langueur éloquente.*

Un frater, qu'on nomme l'Eftocade,
A chez moi le tître de Prevôt.

ACAJOU.

Meflez vous de tuer un malade,
Croyez moi, c'eft l'emploi qu'il vous faut.

MORTIFER.

A I R: No 109 *Mathurine mon Compere.*

Le couroux me tranfporte,
Tout beau', tout beau', Seigneur,
Eft-ce donc de la forte
Que l'on traite un Docteur?
Pouvez vous m'infulter fans allarmes?
Corbleu, ne tombez pas fous ma main;
Songez que je fuis Maître en fait d'armes,
Et qui pis eft, je fuis Médecin.

SCENE IV.

ACAJOU, METROMANE, *Géometre.*

(*METROMANE entre en fcandant des vers*)
Un deux trois quatre cinq fix.

A C A J O U.

A I R: 110. *Ah fi j'avois connu Mr. de Catinat.*

Ah voilà Metromane, autre efprit à l'envers.

METROMANE.

Je viens pour vous donner une leçon de vers.

A C A J O U.

Monfieur le Géometre, épargnez m'en l'ennui.

METROMANE.

Seigneur, en peu de mots, j'aurai fait aujourdhui.

(Il declame.)

,, Je vous l'ai déjà dit: l'augufte Poëfie
,, Eft affervie aux loix de la Géometrie;
,, Tout verfificateur doit fçavoir à propos
,, Toifer une penfée & combiner des mots.
,, Que toujours le bon fens, efclave de la rime,
,, En forme d'axiome expofe un maxime,
,, Les vers de tragedie au milieu partagés,
,, Portant fix pieds de long, de niveau font rangés;
,, Et tout Poëte exact, fur les mêmes modeles,
,, Refferre fon genie entre deux paralelles.
,, Je vous ai demontré l'art de conftruire un vers:
,, Apprenez maintenant fes ufages divers.
,, Seigneur.

ACAJOU.

Air : No III. *Changement pique l'apetit*

Seigneur, votre art m'eft inutile.

METROMANE.

Commençons par le plus facile,
Une leçon vous apprendra
A fabriquer un Opera.

(Il declame.)

,, Pour devenir Autheur lirique,
,, Il faut fur un Plan fimetrique,
,, Par un calcul géometrique,
,, Echafauder foixante mots,

,, Vuides de fens, forts de mufique,
,, Tels font les Opera nouveaux.

A C A J O U.

A I R : No 35. *Ce qui n'eft qu'enflure.*

Mais de fçavoir tout cela,

Je n'ai nulle envie.

En me parlant d'Opera,

Déjà je m'ennuye.   (bis.)

M E T R O M A N E   (declamant.)

,, Du moins de déclamer, apprenez la methode,
,, C'eft un talent Seigneur, qui devient à la mode;
,, Dans cet art méchanique, on aime à s'exercer,
,, Ecoutez mes leçons, je vais vous y dreffer.
,, Pour faire des Heros une illuftre peinture,
,, N'allez pas fotement imiter la nature,
,, A voir avec quel art on nous rend leur tranfports,
,, Sans doute ces Heros n'étoient que des refforts.
,, Sçachez qu'un Prince Grec, ou qu'un Bourgeois
        de Rome,
,, Ne parloit pas jadis de même qu'un autre
        homme ;
,, Ces Pyrrus, ces Brutus, en peruque, en chapeau,
,, En paniers de baleine, & couverts d'oripeau,
,, Malgré le fens commun, guidés par la mefure,
,, D'un fon harmonieux, cadançoient la cefure,
,, Le moindre Confident fur pareil ton monté,
,, Avoit comme fon Maître un langage noté;
,, Tous parloient en chantant & leur voix com-
        paffée
,, Ne s'ajuftoit qu'au gefte & non à la penfée ;
,, Chaque Acteur pour les peindre & s'exprimer
        comme eux,
,, Dit des vers ampoulés qui tombent deux à deux.
                                        Examinez

„ Examinez mon jeu : c'eſt ainſi que j'avance,
„ Je prends une attitude & fort bas je commence,
„ Ma voix en même-tems s'éleve par éclats,
„ Je balance le corps & j'agite les bras.
„ Tantôt avec ardeur, je dis à ma Maîtreſſe :
„ *Pourquoi me fuyez vous adorable Princeſſe ?*
„ *Aux tourmens que j'endure ayez quelques égards;*
„ *Cruelle, je mourrai privé de vos regards,*
„ *Hélas ! . . . de cet helas, diſtinguez l'intervalle.*
„ Tantôt de mes deux bras décrivant un ovale,
„ J'en impoſe aux humains du ton ſacré des Rois,
„ Et je mugis des Vers en étouffant ma voix.
„ Actrices qui briguez les honneurs de la Scene,
„ Que dès le premier vers la fureur vous entraîne,
„ Etendez votre bras pour mieux le faire voir,
„ Relevez l'eſtomach, étalez le mouchoir,
„ Criez à tout propos, criez à perdre haleine,
„ Que l'on croye en un mot voir hurler Melpomene.
„ Par ce goût général, que chacun ſoit conduit,
„ On ne doit déclamer que pour faire du bruit.
„ *Taratantalera. . . mais quel demon m'inſpire !*
„ *Quels goufres ſont ouverts ! taratantalerire . . . . .*
„ *Ah Princeſſe ! Ah Seigneur ! je devins furieux . . . .*
„ C'eſt ainſi qu'en partant je vous fais mes adieux.

C

S C E N E. V.

ACAJOU, HARPAGINE, GLAPISSANT, *Avocat.*
Me. FAUSSET, *Procureur.* GUEULARD, *Huiſſier.*

A C A J O U.

AIR : N⁰ 112. *Le tout par nature.*

M'en voilà quitte à préſent,
Cherchons.....

H A R P A G I N E.

Reſtez mon enfant.
Voilà Monſieur Glapiſſant
En ſon genre homme unique,
C'eſt un Avocat excellent
Pour montrer la Muſique.

A C A J O U.

AIR : N⁰ 113. *Eh allons donc, jouez violon.*

Ah par pitié, faites moi grace;
Le ridicule enfin me laſſe.

H A R P A G I N E.

Mon fils, prettez attention.

G L A P I S S A N T.   (*à Acajou.*)

J'ai fait en faveur de Madame,
Dont vous avez ſubjugué l'ame,

Certaine Compofition ;
Oyez en l'execution;
Je vous produis à cet effet,
Monfieur Gueulard, Monfieur Fauffet,
L'un Huiffier, l'autre Procureur,
Tous les deux ont brigué l'honneur
De comparoir devant Monfieur.
Ecoutez nous, je vous fuplie :
Prenons chacun notre partie,
Elle eft fur du papier timbré,
Commençons c'eft en D'laré.

GUEULARD, FAUSSET, GLAPISSANT,

(TRIO.)

Chantons, chantons, que notre voix éclate,
Chantons l'Amante d'Acajou.

GLAPISSANT.

L Amour ce petit fou,
Dans fes yeux fait joujou,
Comme un furet dans fon trou.

(TRIO.)
Chantons, chantons, &c.

FAUSSET.

Elle eft plus tendre qu'une chate,
Qui foûpire après un matou.
Miaou.

(*TRIO.*)

Chantons, chantons, &c.

HARPAGINE.

AIR : Nº 114. *Je ne suis pas assez beau.*

Je goute assez ce morceau.

GLAPISSANT.

Oh, oh.!

HARPAGINE.

La Musique est des plus belles.

GLAPISSANT.

J'ai bien un autre Trio.

HARPAGINE.

Oh, oh!

GLAPISSANT.

Il est sur les cinq voyelles.
Mon cerveau
A produit cette saillie;
Je fais nargue à l'Italie
Par un chant d'un gout nouveau.

HARPAGINE & GLAPISSANT.

Oh oh oh oh!

GLAPISSANT.

Vous en aurez le cadeau

GLAPISSANT, GUEULARD, FAUSSET.

(*TRIO des 5. voyelles*)

AIR : No 198.

A. E. I. O. U.

GLAPISSANT.   (*à Acajou.*)

AIR : No 115. *Perette étant deffus l'herbette.*

Comment jugez vous cette piece ?

ACAJOU   *bas à Glapiffant.*

Connoiffez vous une Princeffe
Qu'on appelle Zirphile ?

GLAPISSANT.

Non.

ACAJOU.

Vous m'ennuyez, que l'on me laiffe ;
Votre Trio n'a rien de bon.

SCENE VI.

HARPAGINE, ACAJOU.

HARPAGINE.

AIR : N° 116. *Je suis un bon Soldat.*

Mon petit Acajou,
Mon bijou,
D'où provient la tristesse ?
Ne puis je pas remplir
Ton loisir
Pour ma vive tendresse.

AIR : N° 100. *Quand le peril.*

Est-il chose si difficile,
Dont mon pouvoir ne vienne à bout.

ACAJOU.

Helas, puisque vous pouvez tout,
Faites moi voir Zirphile.

HARPAGINE.

AIR : N° 117. *Eh, comment donc c'est un petit Palais.*

Zirphile ne peut paroître en ces lieux,
Ninette sur elle a toujours les yeux,
Et vous ne pouvez quitter ce sejour

Sans avoir senti les traits de l'Amour.

Air : No 52. *O ricandaine ricandon.*

Si vous voulez voir ce tendron,
Oh ricandaine ricandon,
Dépechez-vous donc de m'aimer,
C'est moi qui dois vous enflâmer,
    Ricandaine.
Vous ne vous repentirez pas
De soûpirer pour mes appas ;
Car je vous satisferai,
    Oh ricandaine,
Et je vous suffirai,
Oh ricandé.

Air : No 118. *Les 7. Sauts.*

Je vais faire un petit tour du monde,
Sans adieu, je reviens à l'instant,
Et pendant que je ferai ma ronde
Pour vous amuser en m'attendant,
Je vais annimer nos Magots,
Ils vont faire pour vous un saut, deux sauts, trois sauts.

SCENE VII.

ACAJOU.

A i r : N⁰ 28. Je ne ſçais ce q'uil me veut dire.

Sur moi le doux nom de Zirphile
A produit des effets puiſſants :
Rêvons dans un lieu plus tranquile
Au trouble imprevû que je ſens,
Je ne ſçai ce qu'il veut me dire,
Et malgré moi mon cœur ſoûpire.

Il ſort.

DANSE DE MAGOTS.

FIN DU PREMIER ACTE.

ACTE SECOND.

Le Théatre repréfente les Jardins de NINETTE, féparés de ceux d'HARPAGINE, par une paliſſade de Fleurs.

SCENE PREMIERE.

LA FE'E, NINETTE, ZIRPHILE.

NINETTE.

AIR : Nº 119. *Songez, ſongez à vous défendre.*

Songez, ſongez à vous ma Fille,
Tout Amant n'eſt qu'un engeoleur.
Dès qu'une fois on perd ſon cœur ,
Tout s'enſuit de fil en éguille.
Songez, ſongez à vous ma Fille ,
Conſervez toujours votre honneur,
Tout Amant n'eſt qu'un engeoleur.

AIR : Nº 120. *Votre Toutou vous flatte.*

Mais quel air imbécile ?

ZIRPHILE.

Ce diſcours m'interdit.

D

N I N E T T E.

Ma peine eft inutile
Pour vous ouvrir l'efprit !
Zirphile,
Quoi, de vous nous ne ferons rien ?

Z I R P H I L E.

Aparament vous ne vous y prenez pas bien.

AIR : N° 121. *Toute la Nuit je fuis gêlée.*

Quand des Meffieurs viennent me dire
Qu'ils y reuffiront bien mieux,
Vous les empêchez de m'inftruire
Et vous me fuivez en tous lieux.

N I N E T T E.

AIR : N° 122. *Ah le charmant Berger que j'aime.*

Il faut que je vous accompagne,
Sur tous vos pas je veux voir clair :
L'honneur, comme un vin de champagne,
P'ft s'échape dès qu'il prend l'air.

Z I R P H I L E.

AIR : N° 123.

Qu'eft-ce donc que cet Honneur ?

NINETTE.

Eh mais...
C'eſt ce qu'on a de plus cher.

ZIRPHILE.

Après.

NINETTE.

Sachons ce qui vous touche :
Qu'eſtimez vous le plus, enfin ?

ZIRPHILE.

Tenez, c'eſt mon petit Serin,
Quoi qu'il ſoit peu farouche.

NINETTE.

Air : N° 124. *Je ſuis un Enfant, ne crains rien.*

He bien, imaginez vous donc
Que les Meſſieurs avec fineſſe,
Pour voler cet Oiſeau mignon,
Viennent vous faire politeſſe.

ZIRPHILE.

C'eſt bien l'entendre !
Comme on le prendra !
Ouida, Ouida,
Je ſaurai le défendre.

NINETTE.

A I R : N⁰ 34. *Non je ne ferai pas.*

Craignez des Officiers le séduifant langage,
Craignez les gens de Robe encor bien da-
ya ntage,
Ce font en tapinois, malgré leur air benin,
Vrais Renards affamés de l'honneur féminin.

A I R : N⁰ 125. *Ma Mere, mariez moi.*

Mais fur tout, défiez vous
Des petits Abbés au ton doux.

A I R : N⁰ 126 *On voit dès le deuxiéme.*

Avec beaucoup d'adreffe,
Le galant à rabat
Cache fous fa tendreffe
Sa volonté traîtreffe :
Auprès de fa Maîtreffe,
Figurez vous un Chat;
Un Chat avec fineffe,
Pour mieux tromper, careffe;
Et dâbord qu'on le flate,
Il faifit cet inftant,
Et fa griffe auffi-tôt s'étend,
Paf, c'eft le coup de pâte.

A I R : N⁰ 127. *La Beauté, la Rareté, la Curiofité.*

A quoi penfez vous donc?

ZIRPHILE.

Avec moi je raisonne.

NINETTE.

Quel esprit!
Vous ne m'écoutez pas.

ZIRPHILE.

Pardonnez moi ma bonne.

NINETTE.

Qu'ai-je dit?

ZIRPHILE.

Air : N° 128. *Carillon de Vendôme.*

Mon Serin, des Filoux, un Abbé qui fait le chat..?
Oh dame, oh dame.

NINETTE.

Air : N° 129. *Gardez vos moutons, lirette liron.*

(à part)

Je vois bien que je perds mon tems.
(à Zirphile)   Pour vivre en assurance,
Et pour parer les accidens,
Gardez avec vigilance
L'Anneau fortuné,
Qu'on vous a donné

Le jour de votre naiſſance.

A I R : No 97. *La jeune Abbeſſe de ce lieu.*

Par l'effet de ce Talisman,
Dont la puiſſance eſt infinie,
Une Fille peut aiſement
Commander au plus grand Genie ;
Cet Anneau la rend égale aux Rois,
Tout l'Univers eſt ſous ſes loix.

A I R : No 130. *Le beau Dion.*

Si vous voulez le conſerver,
On ne pourra vous l'enlever ;
Mais j'ai bien peur que par amour
Vous n'en faſſiez préſent un jour.

A I R : No 100. *Quand le peril eſt agréable.*

La mechante Fée, Harpagine,
Alors s'empareroit de vous,
Et vous pouriez perdre l'Epoux
Que mon choix vous deſtine.

Z I R P H I L E.

A I R : No 131. *Pour faire honneur à la Nôce.*

Ne ſoyez pas inquiéte.

N I N E T T E.

Podagrambo vient en ces lieux :
Que veut ce Genie ennuieux ?

SCENE II.

PODAGRAMBO, ZIRPHILE, NINETTE,

PODAGRAMBO.

SAlut à l'aimable Ninette;
Souffrez qu'à cette poulette,
On faſſe un moment les doux yeux.

AIR : No 132. *N'avez vous point vû l'Horloge.*

Commençons par ſon éloge,   (*à part.*)
J'ai mon compliment tout prêt.

(*à Zirphile*)

Belle, en vos yeux l'Amour loge....
Et ſa fleche eſt en arrêt......
N'avez vous pas vû l'Horloge ?
Savez vous quelle heure, l'heure il eſt.

NINETTE,   (*bas à Zirphile.*)

AIR : No 133. *Ahi ahi ahi laiſſez moi là.*

Gardez vous bien d'ouvrir la bouche,
Et ne ſouffrez pas qu'il vous touche.

PODAGRAMBO   (*à Zirphile*)

Vous demeurez comme une ſouche !
Allons donc, morbleu venez ça,

Z I R P H I L E.

Ahi ahi ahi, ahi ahi ahi, laiſſez moi là.

P O D A G R A M B O.

AIR : N⁰ 134. *Reveillez vous belle endormie.*

De mon eſprit le feu rapide
Ne prend point ſur le ſentiment.
Votre ſilence *m'eſt perfide*,
Car je vous aime *étonnament.*

N I N E T T E.

AIR : N⁰ 135. *Quel chien de cónte.*

L'amour encor lui fait peur.

P O D A G R A M B O.

Bon, bon, quel conte !

N I N E T T E.

Vous avez pour elle une ardeur
Un peu trop promte,
Et vous la facheriez, Seigneur.

P O D A G R A M B O.

Quel chien de conte !

AIR : N⁰ 136. *Mon bonneur alloit faire naufrage.*

En amour, quand mon bonheur m'appelle,
À l'inſtant, je cours le grand galop :
On

On obtient mieux fon pardon d'une Belle,
Quand on n'eft pas affez fage avec elle,
Que quand on l'eft trop.

NINETTE.

AIR : No 137.

Laiffez paffer fon premier trouble,
Vous lui plaifez affurement.

PODAGRMBO.

A ce mot, ma flâme redouble.

NINETTE.   (à Podagrambo)

Suivez moi.

PODAGRAMBO.   (à Zirphile)

Sans adieu, Maman.

SCENE III.

ZIRPHILE, ACAJOU,

ZIRPHILE.

AIR : No 44. *Par bonheur ou par malheur*

ENfin, me voilà fans lui,
Il augmentoit mon ennui....

E

ACAJOU, *que l'on ne voit point.*

AIR : Nº 16. *Pour voir un peu comment ça fra.*

Helas !

Z I R P H I L E.

Mon cœur eft tout ému !
J'entends une voix qui foûpire.

A C A J O U.   (*fans être vû.*)

Helas !

Z I R P H I L E.

Par un charme inconnu,
Elle me trouble, elle m'attire.
Repondons lui fur ce ton là,
Pour voir un peu comment ça fra.

AIR : Nº 138. *Oh, oh ! ah, ah !*

Helas !   Ciel !   je decouvre...
A travers ce taillis....
La Paliffade s'ouvre !
Tous mes fens font furpris.

A C A J O U.   (*paroiffant*)

Oh, oh !

Z I R P H I L E.

Ah, ah !

(ENSEMBLE.)

(*Acajou.*)   ⎧ Ah l'aimable objet que voilà
(*Zirphile.*) ⎩ Le beau jeune homme que voilà.

ACAJOU.

AIR : No 139. *Je sens un certain je ne sai quoi.*

Abordons là.

ZIRPHILE.
Monsieur.....

ACAJOU.
Je....

ZIRPHILE.
Oui. ...

ACAJOU.   (*à part*)

Je ne puis lui rien dire.

ZIRPHILE.   (*à part*)

Mon Cœur s'agitte.

ACAJOU.

Parlons lui.
Qu'elle a sur moi d'empire !

ZIRPHILE.
En le voyant, mon ennui cesse,
E 2

Quel changement se fait en moi !
Je sens un certain je ne sçai qu'est-ce.

A C A J O U.

Je sens un certain je ne sçai quoi.

Z I R P H I L E.

A I R : N° 140. *Voici le jour Solemnel.*

Dites moi, mon beau Garçon,
Votre nom.

A C A J O U.

Acajou.　　　Vous ?

Z I R P H I L E.

Je m'appelle
Zirphile.

A C A J O U.

Zirphile ! quoi
Je vous voi !

Z I R P H I L E.　　　(à part)

Qu'il est beau !

A C A J O U.

Dieux ! quel est belle !

A I R : N° 141. *Com' v'là qu'est fait.*

Ces fleurs qui parent la nature,

Paliffent près de cet objet;
Ce Ciel dont la lumiere eft pure,
m'offre un fpectacle moins parfait;
Mon ame vole & l'environe,
Par l'effet d'un pouvoir fecret:
Quel tein! quel bouche mignone!
Quels yeux! mais quel nouvel attrait!
Com v'là qu'eft fait.   (bis.)

ZIRPHILE.

AIR : N° 16 *Si ma Philis vient en vendange.*

(*à part.*)   Ah que tout ce qu'il dit m'enchante!
(*à Acajou*)   Comment avez vous pu venir?
Harpagine, cette méchante,
N'a-t-elle pu vous retenir?

ACAJOU.

Sans éprouver l'effet d'une flâme naiffante,
De fon Palais je ne pouvois fortir.

AIR : N° 142. *La liberté d'elle même eft charmante.*

Je vous ai vûe à travers ce feuillage,
Et de plaifir mon Cœur s'eft agité;
La Paliffade alors m'ouvre un paffage,
J'aime fans doute, helas, c'eft votre ouvrage,
Et je vous dois ma liberté.

Z I R P H I L E.

AɪR : Nº 143. *Un jour la petite Claudine.*

Ninette dit qu'on me fait politesse
Pour abuser de ma simplicité;
Que les Messieurs ont tous l'ame traîtresse,
De ces méchans vous êtes excepté :
Helas pouriez vous me trahir ?
Non, non, tout au contraire,
Je sens... je sens que vous ne pouvez faire
    Que du plaisir.

A C A J O U.   (*répete*)

Que du plaisir !

Z I R P H I L E.

AɪR : Nº 144. *Pour la Barone.*

Selon ma bonne,
On me caresse pour voler
Mon petit Serin qui fredonne,
Qui dejà commence à parler;
Mais tenez, si vous le voulez, je vous le
    donne.

A C A J O U.

AɪR : Nº 8. *Ah mon mal ne vient que d'aimer*

Incessament je soûpirois
Après un bien j'ignorois.

ZIRPHILE.

J'avois de même du souci,
Sans en sçavoir la cause,
Helas ! il me manquoit aussi
Comme à vous quelque chose.

AIR : Nº 145. *Dans votre joli Corbillon qui met'on.*

Il faudra toujours être ensemble,
Nous joûrons à de petits jeux,
Pour nous amuser tous les deux :
Oui, c'est bien dit, que vous ensemble ?

ACAJOU.

Je veux ma chere,
Ce qui peut vous plaire.

ZIRPHILE.

Sur ce verd gason,
Il faut jouer au Corbillon qui met on.

ACAJOU.

AIR : Nº 146. *Nous irons joujou.*

Soir & matin,
Dans ce Jardin,
De fleurs j'ornerai votre Sein.

ZIRPHILE.

Ah, que je serai satifaite.
Oui sans cesse avec votre Acajou,

Vous ferez joujou joujou ,
Sur l'herbette.

E N S E M B L E.

Nous ferons joujou , joujou ,
Joujou , nous ferons joujou.

A C A J O U.

A i r : N⁰ 147. *Prenez en deux, prenez en trois.*

Je voudrois fur ces jolis doigts ,
Prendre un baiſer ma Mie.

Z I R P H I L E.

Prenez en deux , prenez en trois ,
Contentez votre envie ,
Voyez vous.

A C A J O U.   (*Baiſe la main de Zirphile*)

Rien n'eſt ſi doux ,
Je crois , dans vie ,
Et mon ame eſt ravie.

Z I R P H I L E.

A i r : N⁰ 148. *Ces Filles ſont ſi ſottes*

Mais quels nouveaux enchantemens
Dévelopent mes ſentimens !
Quelle flâme ſubtile !
O Ciel ! où ſuis-je en ces inſtans ?
ACAJOU

ACAJOU.

Ah! ma chere Zirphile! (*bis.*)

ZIRPHILE.

A I R : Nº 149. *Eſt-il de plus douces odeurs.*

Mon cœur s'annime à tes accèns,
Un Dieu s'en rend le maître;
Quel cahos offuſquoit mes ſens
Avant de te connoître!
Le jour n'avoit point lui pour moi,
C'eſt toi qui me fait naître.

ACAJOU.

Je ſens auſſi .... je ſens en moi....
Je prends un nouvel être.

A I R : Nº 25. *Tout roule aujourd'hui dans le monde.*

Quelle volupté fait éclore
Dans mon cœur un ardent deſir?
Un autre lui ſuccede encore,
Et m'annonce un nouveau plaiſir;
Qu'un doux baiſer... ah! je t'adore,
J'ai ſenti nos Ames s'unir.
Redouble, viens, que l'on ignore
Qui de nous deux pouſſe un ſoûpir.

F

SCENE IV.

PODAGRAMBO, ZIRPHILE, ACAJOU.

PODAGRAMBO (*apercevant Acajou & Zirphile*)

AIR : No 150. *Ah ! la drole d'Histoire.*

AH ! ce coup m'assassine ;
 O dieux ! qu'ai-je apercû !
 Cherchons vîte Harpagine ;
 Quel revers imprevû !

(*Il sort sans se montrer à Zirphile & Acajou.*)

SCENE. V.

ZIRPHILE, ACAJOU.

ZIRPHILE.

AIR : No 19. *Pour heritage.*

SAns la tendresse,
 Est-il un vrai bonheur ?
 Sa douce yvresse
 S'empare de mon Cœur.
 Qui cause en nous
 Un si charmant delire ?

Aprens moi ce qui peut produire
Des plaisirs si doux.

ACAJOU.

Air : No 151. *Sortez de vos retraites.*

Le Dieu qui nous enflâme
Ne me donna je croi
Que la moitié d'une Ame,
Et l'autre étoit pour toi :
Toujours chaque partie
Cherchoit ses premiers nœuds;
Cette Ame réunie
Nous rend égaux aux Dieux.

ZIRPHILE.

Air : No 152. *Sur le Pont d'Avignon.*

Je le crois comme vous.

(*apercevant Harpagine*

Oh Ciel! je suis perdue. (*elle fuit.*)

SCENE VI.

HARPAGINE, ACAJOU.

HARPAGINE. (*à Acajou*)

QUe faites vous ici?

F ij

A C A J O U.

Madame, je l'ai vuë.

H A R P A G I N E   (*à part*)

Air : No 36. *Mon petit doigt me l'a dit.*

O dieux ! par mon imprudence,
Je perds fur lui ma puiffance.
Tachons de l'intimider :
Suivez moi.

A C A J O U.

Non.

H A R P A G I N E.

Témeraire,
Crains l'effet de ma colere ;
La fureur va me guider.

A C A J O U.

Air : Nº 153. *Air Anglois.*

Rage inutile,
J'aime Zirphile,
Et mon Amour
M'affranchit en ce jour :
Mon Cœur eft triomphant,
Mon Cœur enfin reffent
Un feu.....

J'étois un Enfant,
Je suis un Dieu.

Air: N° 154. *Le Savetier matineux.*

Sur le sort le plus affreux,
Mon Ame reste tranquile ;
Qu'ai-je à craindre de facheux !
Je suis aimé de Zirphile.   *bis.*

HARPAGINE.

Air: N° 155. *La Fortune ainsi que l'Amour.*

(*à part*) Dissimulons pour un moment,
Et cherchons quelque stratagême.
(*haut*) Elle est d'une bêtise extrême,
Pouvez vous être son Amant ?

ACAJOU.

Que Zirphile a d'esprit ! elle aime,
Et l'Esprit naît du sentiment.

HARPAGINE.

Air : *Mon p'tit cœur vous n'm'aimez guere.*

Vous la préferez à moi ?
Pour ma flâme quelle injure !
Je voulois sous votre Loi
Ranger toute la nature ;
La gloire eut suivi vos pas,
Mon p'tit cœur vous n'm'aimez guere,

Car tout ça n'vous touche pas.
Helas !
Vous n'maimez pas.

A C A J O U.

A I R : N⁰ 7. L'ocafion fait le Laron.

Ces vains honneurs n'offrent rien qu'impofture,
Zirphile eft tout: je voudrois en l'aimant
Etre ignoré de toute la nature,
Et connu d'elle feulement.

H A R P A G I N E.

AIR : N⁰ 156. Je fuis la fleur des Garçons du Village.

C'en eft donc fait? je n'ai plus d'efperance;
On ne fauroit contraindre un Cœur:
Tu m'eft trop cher, malgré ta refiftance,
Pour m'oppofer à ton bonheur.

A I R: N⁰ 157. Faites boire à triple mefure.

He bien, cruel, je veux moi même
En m'immolant fervir ton feu,
S'il eft vrai que Zirphile t'aime,

A C A J O U.

Zirphile m'en a fait l'aveu.

H A R P A G I N E.

A I R : N⁰ 158. D'une fanté pour nous fi chere.

Il faut une preuve plus forte.

ACAJOU.

J'ai vû tout son cœur dans ses yeux.

HARPAGINE.

L'anneau qu'à son doigt elle porte
Me le prouvera beaucoup mieux :
Obtiens ce gage de Zirphile,
Ou ton Amour est inutile.

(Il sort)

SCENE VII.

ACAJOU, ZIRPHILE.

ACAJOU.

AIR : No 159. *Si dans le mal qui me possede.*

Venez, venez, ma chere amie,
Toutes vos craintes vont finir :
Harpagine veut nous unir,
Elle n'est plus notre ennemie.
Consentez vous à mon bonheur ?

ZIRPHILE.

Ce doute offence mon ardeur.

ACAJOU.

AIR : No 160. *Le vieux Docteur Blaise.*

De votre tendresse

Donnez moi, ma chere Maîtreſſe,
　　Un gage nouveau,

Z I R P H I L E.

Quel gage nouveau!

A C A J O U.

Helas! c'eſt votre Anneau.

Z I R P H I L E.

Que je vous le donne!
O ciel! que me diroit ma bonne?
Il fait mon bonheur;
Je perdrois l'honneur,
Mes attraits, votre Cœur.

A C A J O U.

Quand on s'aime bien,
On ne refuſe rien:
Que craignez vous tant?
Je le veux un inſtant;
Auſſi-tôt je vous le rend,
L'Amour en eſt garant.

Z I R P H I L E.

Dieux, quel embaras!

A C A J O U.

Vous ne m'aimez pas.

Zirphile

ZIRPHILE.

Mon trouble,
Redouble.....
Que faire ? helas !
Non, non,

ACAJOU.

Point d'excufe,
Quoi, Zirphile me le refufe !
Ah ! je vais mourir.

ZIRPHILE.

Tu me fais frémir. . . .
Attens. . . . mais quel defir !

ACAJOU.

Quelle crainte extrême
Vous allarme quand je vous aime ?

ZIRPHILE.

Il m'arrivera
Tout ce qu'il pourra,
Tu le veux, le voilà.

ACAJOU.

Air : No 161. *A ta Mere à préfent.*

O dieux, quelle douceur !

ZIRPHILE.

Qu'en allez vous faire ?

G

ACAJOU.

Il va combler mon bonheur.
Au gré de nos defirs,
Nous ferons, ma Chere,
Toujours au fein des plaifirs.

SCENE VIII.

ACAJOU, ZIRPHILE, HARPAGINE.

ACAJOU. (*à Harpagine*)

AIR : Nº 73. *La Ceinture.*

Approchez , tout comble nos vœux:
De fon Amour voilà le gage,

HARPAGINE (*prenant l'Anneau*)

Voyons, oui. tremblez malheureux,
Vous êtes livrés à ma rage.

AIR : Nº 162. *De mon Pot je vous en reponds.*

(*à Acajou*) Puifqu'un autre obtient ton cœur,
        Ingrat, fremis d'horreur ;
        Crains tout de ma fureur extrême,
        Je vais remettre à l'inftant même,
        Au pouvoir de Podagrambo,
        Zirphile & fon anneau.

(*Elle enleve Zirphile dans un char tiré par un*)
        (*Dragon volant.*)

SCENE IX.

ACAJOU.

AIR: N° 163. *Viens trop insensible Silvie.*

Dieux! ô Dieux ma flâme est trahie,
Ah! je succombe à ma douleur.
Reviens implacable Ennemie,
Viens, viens & me perce le Cœur. *F I N.*

Le plus doux bonheur de ma vie
N'a duré qu'un seul instant,
Je retombe au néant.

Dieux, ô Dieux &c.   (*au mot fin.*)

Quel tourment! je ne puis la suivre;
La Barbare en me laissant vivre,
        Jouit de ma peine,
        Sa rage inhumaine
        Me fait un sort
        Plus cruel que la mort.

Dieux, ô Dieux &c.   (*au mot fin.*)

G ij

SCENE. X.

ACAJOU, NINETTE.

NINETTE (*à Acajou gayement*)

AIR : Nº 164. *Puisqu'une ingrate Maîtresse.*

AH quel moment favorable !
Bon jour, Prince adorable,
J'ai prévu cet heureux jour,
Qui vous amene à ma Cour.

Dans ce beau séjour,
Zirphile a sû vous plaire,
Son esprit s'éclaire
Par les feux de l'amour.

Pour vous deux l'hymen s'aprête,
J'ai commandé la Fête. . . . .

AIR : Nº 65. *Un petit moment plus tard.*

Mais pour quoi, vous ne repondez pas !
L'accueil est sauvage.
Je vois point Zirphile.

ACAJOU.

Helas !

NINETTE.

Quel affreux préfage !
Je la cherche en vain des yeux,
Qu'eft elle devenue !
Elle n'eft point en ces lieux.

ACAJOU.

Elle eft perdue.

Air : No 165. *J'ai bien la meilleure Femme.*

La fureur de moi s'empare.

NINETTE.

Que lui vient il d'ariver ?

ACAJOU.

Harpagine, la Barbare....

NINETTE.

Hebien ?

ACAJOU.

Vient de l'enlever.
Je me trouble, je m'égare....

NINETTE.

Arrettez, cher Acajou,
Le bon fens eft déja rare,
N'allez pas devenir fou.

AIR : N° 166. *Nous avons de fin's éguilles.*

Pour voir les choses plus nettes,
Je vais mettre mes lunettes.

    (*Aussi-tôt qu'elle a ses Lunette.*)

    AIR : N° 66. *Route du monde.*

Ah, quel objet frape mes yeux !
Podagrambo... Zitphile... ô Dieux !

ACAJOU.

AIR : N° 167.

Ah, quel malheur ! tout est perdu !
Je meurs, depéchez vous Madame,
Je crains que l'objet de ma flame,   (*bis.*)
Trop tard ne me soit rendu.

NINETTE.

AIR : N° 168. *Simone ma Simone.*

Sans que l'objet de votre amour
Ait perdu le jour,
Son Corps est chez Podagrambo,
Sa Tête est dans la Lune :
C'est la perte de son Anneau
Qui fait votre infortune.

AIR : N° 169. *Fille qui voyage en France.*

Vous avez un avantage,

Cela doit vous apaifer;
Son cœur eft votre partage,

ACAJOU.

Helas, pourquoi m'amufer?
O Sort funefte.
Mon Rival peut époufer
Ce qui lui refte.

NINETTE.

Air : N° 53. *On n'aime point dans nos Forêts.*

Non, non, il n'en peut aprocher
Quil ne foit maître de la Tête,
Dans la Lune il va la chercher;
Mais ce plat Genie eft fi bête
Que vous pourez le prévenir.

ACAJOU.

Eh, comment donc y parvenir.

NINETTE.

Air : N° 170. *Baniffons d'ici l'humeur noire.*

D'abord ma baguette magique
Dans les airs vous tranfportera,
Et par un effet fimpatique
La Lune vous enlevera.

Air : N° 171. *Vive Michel Noftradamus.*

Pour rendre vos demarches fures,

Prenez cette Bequille là :

(Lui donnant ſes Lunettes.)

Et ceci vous éclairera
Dans les choſes les plus obſcures.
Partons, je vous inſtruirai mieux,
Tous les momens ſont précieux.

FIN DU SECOND ACTE.

ACTE III.

ACTE TROISIE'ME.

Le Scene est dans la Lune. Le Théatre réprésente
des Bosquets.

SCENE PREMIERE.

LA TETE DE ZIRPHILE sur un Buisson de Fleurs.

AIR : N 172. *Je croi, Lison.*

CHer souvenir,
Non, je ne puis te banir;
l'Amour alloit m'unir
Au beau Prince que j'aime;
Tout le bonheur
Dont il enyvroit mon Cœur,
Passe de même
Qu'un songe vain & trompeur.

AIR: N° 173. *Que je regrette mon Amant.*

Que je regrette mon Amant !
Quoi qu'il cause mon infortune;

H

Pour avoir aimé tendrement,
Voilà ma Tête dans la Lune :
Si chaque Fille est dans ce cas,
Les Têtes sont rares là-bas.

AIR: Nº 174. *Sans le Sçavoir.*

Un charme affreux ici m'arrête,
Il ne me reste que la Tête,
Quel amusement puis-je avoir !
Podagrambo du reste est maître,
Et je déteste son pouvoir ;
Je réponds à ses feux peut-être,
Sans le sçavoir.

SCENE II.

La Tête de ZIRPHILE, ACAJOU,

ACAJOU.   (*sans être vû.*)

AIR: Nº 175. *Oh Pierre, oh Pierre.*

MA peine est inutile,
Et je cours comme un fou.
Zirphile, ma Zirphile.

(*LA TETE DE ZIRPHILE.*)

C'est la voix d'Acajou !

(ACAJOU, *en Viellard avec la Béquille de Ninette*)

Zirphile, Zirphile.

(*LA TETE DE ZIRPHILE.*)

Oui, j'entends Acajou.

A i r : No 176. *Trois Enfans gueux.*

Jettez les yeux fur ce buiffon de fleurs.

A C A J O U.

Que vois-je helas ! c'eft Zirphile elle même.

(*LA TETE DE ZIRPHILE.*)

C'eft Acajou qui vient fécher mes pleurs !
Je vois encor le cher Amant que j'aime.

A i r : No 177. *Changement pique l'apetit.*

Mais par quelle bonne fortune ,
Etes vous auffi dans la Lune !

A C A J O U.

Ninette ici m'a tranfporté ,
Pour vous donner la liberté.

(*LA TETE DE ZIRPHILE.*)

A i r : No 178. *Tarare ponpon.*

L'Amour prend donc pitié de nos peines cruelles ?

A C A J O U.

Oui , contre mon efpoir , enfin je vous revoi.

H 2

(*LA TETE DE ZIRPHILE.*)

Nous fommes nous fideles ?
Daignez, de bonne foi,
M'apprendre des nouvelles de moi.

A I R : No 179. *C'eft une excufe.*

Mon Corps eft refté feul là-bas
Et j'ai tout lieu de craindre, helas !
 Quelque maligne rufe :
S'il fait par malheur des faux pas,
Ma Tête ne le conduit pas ;
 C'eft une excufe.

A C A J O U.

A I R : No 180. *Dans notre Vilage.*

 Aucun téméraire
 N'en peut aprocher,
 Et je viens chercher
 Ici cette Tête fi chere,
 Pour l'y réunir
 Et vous obtenir.

A I R : No 109. *Maturin mon Compere.*

Dans un deffein femblable
Mon Rival doit venir ;
Vous m'êtes favorable,
Il faut le prévenir.

(*LA TETE DE ZIRPHILE.*)

A ſes yeux gardez vous de paroître,
Sil vous voit....

A C A J O U.

Ne craignez point cela :
Il ne poura me reconnoître,
Quand j'aurai mis ces Lunettes là.

AIR : N° 94. *Nous ſommes Precepteurs d'Amour.*

Venez, volez entre mes bras.

(*LA TETE DE ZIRPHILE.*)

Je ne puis, un charme m'arrête;
Sans mon Anneau, l'on ne peut pas
Se rendre maître de ma Tête.

AIR : No 181. *De tous les Capucins.*

Ce Genie affreux le poſſede.

A C A J O U.

Mon malheur eſt donc ſans remede ?

(*LA TETE DE ZIRPHILE.*)

Il vient, pour combler nos douleurs.
Je ſens une frayeur extrême.

A C A J O U.

Cachez vous vîte ſous ces fleurs;

L'amour m'infpire un ftratagême.

La Tête de Zirphile difparoît Acajou met les Lunettes de la petite Feé & paroît fous la forme d'un Vieillard.

SCENE III.

PODAGRAMBO, ACAJOU.

PODAGRAMBO (*Un Trébuchet à la main*).

AIR : Nº 182. *Qu'il pleuve, qu'il vente, qu'il tonne.*

PEtite, petite, petite,
A ma voix accourez vîte,
Venez vous prendre
　　Au Trébuchet
Que je vais tendre
Dans ce Bofquet.

(*Appercevant Acajou qu'il prend pour un Vieillard.*)

AIR : Nº 177. *Ah ! vraiment je m'y connois bien.*

Dites moi bon Homme où fe perche
Un certain Oyfeau que je cherche. ?

ACAJOU.

On ne fauroit mieux s'adreffer :
Expliquez vous fans balancer.

PODAGRAMBO.

A i r : Nº 183. *Ah Nicolas fois moi fidelle.*

Une avanture peu comune
Jufqu'en ces lieux m'a fait venir.

A C A J O U.

Peut-être puis-je vous fervir,
Je fuis habitant de la Lune ;
Par moi vous ferez éclairci
Sur tout ce qui fe trouve ici.

A i r : Nº 22. *De neceffité.*

Tous les Etres dont la Lune abonde,
Sont évaporés de votre Monde :
En ces lieux tout fe caractérife,
Sous une forme qui fimpatife.

A i r : Nº 184. *Morgué fi je la tenois.*

Ici l'Efprit de Coquettes,
Par l'interêt annimé,
En Abeille transformé,
Vit du tribut des fleurettes,
Et du Lis au Jaffemin
Vole & fuce fon butin.

A i r : Nº 185.

D'un étourdi de Petit-Maître,
L'efprit évaporé doit être

Sous la forme d'un Hanneton.
La trifte fageffe des Filles,
Ici transformée en jonquilles
Meurt fous l'atteinte du Frélon.

P O D A G R M B O.

A I R : Nº 4. *Mr. le Prevôt des Marchands.*

Qu'elle eft cette foule d'Oyfeaux,
Qui voltige fous ces Ormeaux?

A C A J O U.

A I R : Nº 186. *Comme un Oyfeau.*

La Vertu legere des belles,
Ici paroît avec des aîles.

P O D A G R A M B O.

Quel cas nouveau!

A C A J O U.

Toujours par quelque moyen drole,
Dans la Lune l'honneur s'envole,
Comme un Oyfeau.

A I R : Nº 187. *L'Amour n'eft pas un Oyfeau.*

Il en vient dans ce bocage,
De petits foibles encor:
Beaucoup même ont pris l'effor,
Avant d'avoir leur plumage.

PODAGRAMBO

PODAGRAMBO.

Air : N° 188. *Ouiche, ouiche, eh ouida.*

Tout cela fort peu m'intereſſe.

ACAJOU.

Que cherchez vous ? allons au fait.

PODAGRAMBO.

C'eſt la Tête de ma Maîtreſſe,
Que je veux prendre au Trébuchet.

ACAJOU.

Ah, ah, ah !
Ouiche, ouiche !
C'eſt bien de cette façon là
Qu'on les déniche ;
Ouiche, ouiche, eh ouida.

Air : N° 13. *Bacchus diſoit.*

Allez, allez, j'en ferai mon affaire,
Je la prendrai.

PODAGRAMBO.

Vous paroiſſez bien vieux
Pour attraper cette Tête légere.

ACAJOU.

Et c'eſt en quoi j'y réuſſirai mieux,

I

AIR: Nº 189. *Au Bal du Cours.*

L'innocence eſt craintive,
Et les jeunes Tendrons
Sont ſur la défencive
A l'aſpect d'un Garçon.
Galans,
Trop petulans,
Vous manquez leur défaite;
Par trop d'ardeur,
On leur fait peur;
Mais un Vieillard
Gaillard
A l'art
D'attraper la Fillette.

AIR: Nº 113. *Eh allons donc, jouez Violons.*

Une jeune Tête femelle,
Vient à moi dès que je l'appelle
J'ai des appeaux
Pour ces Oyſeaux.

PODAGRAMBO.

Eh comment donc?

ACAJOU.

On les attire
Par la Louange ou la Satire,
Et de petits Contes nouveaux,

Que la mode fait trouver beaux;
Il faut feconder mon adreffe,
Pour attirer votre Maîtreffe:
Aprenez moi d'abord fon nom.

PODAGRAMBO.

On l'apelle Zirphile.

ACAJOU.

Bon.

A i r : N° 72. *Ah vraiment je m'y connois bien.*

Venez, adorable Zirphile,
Venez embelir cet Azile,
Par l'éclat de vos yeux vainqueurs,
Vous allez embrafer les Cœurs.

PODAGRAMBO.

(voyant paroître fur un Rofier la Tête de Zirphile.)

A i r : N° 190. *Ah Barnabas!*

Ah, là voilà!
Oui, c'eft elle!
Qu'elle eft belle!
Amufez la
Je la prendrai.

ACAJOU.

Reftez-là
I ij

A I R : No 191. *Ton humeur eft Caterine.*

Vous avez plus de fcience,
C'eft à vous de l'amufer;
Moi, j'ai plus d'expériance,
Pour l'avoir il faut rufer :
En vous l'étude eft unie,
A l'efprit vif & faillant.

P O D A G R A M B O.

Parbleu, je fuis un Génie,
Cela n'eft pas étonnant.

A C A J O U.

A I R : No 104. *A fa Voifine.*

Je vais donc.....

P O D A G R A M B O.

Venez, venez ça.

A C A J O U.

Qu'eft-ce qui nous arrête. ?

P O D A G R A M B O.

On ne peut fans cet Anneau là,
S'emparer de la Tête.

A C A J O U.

Je ne fongeois pas à cela.

PODAGRAMBO.

Ah qu'il est bête !

(*lui donnant l'Anneau de Zirphile.*)

AIR : N° 192. *Qu'elle est joli'ma Brunnette*

Allez bien vîte.

ACAJOU.

Je compte
En venir about,
Quoi que vieux, j'ai la main prompte.

PODAGRAMBO.

Dans un nouveau goût,
Je m'envais lui faire un Conte
A dormir debout.

Le Genie se couche sur un banc de Gazon, pour reciter plus à son aise, il s'assoupit en faisant son Conte, Acajou profite de cet instant pour emporter la Tête de Zirphile.

PODAGRAMBO.

AIR : N° 193. *Voyelles ancienes.*
Il étoit une fois un Roi...
Et puis, il étoit une Reine.
La Reine un jour disoit au Roi....
Et le Roi disoit à la Reine....
La Reine un jour disoit au Roi....
Et le Roi disoit à la Reine....

Il s'endort.)

SCENE. IV.

HARPAGINE, PODAGRAMBO.

HARPAGINE.

A I R : N° 194. La Besogne.

JE crains bien que Podagrambo
Ne profite point de l'Anneau,
Et ne fasse quelque sotise;
Suivons le dans son entreprise.

PODAGRAMBO.

Fin de l'A I R : cy-dessus N° 193.

La Reine un jour disoit au Roi,
Et le Roi disoit à la Reine....

HARPAGINE.

A I R : N° 195. Un Officier deux Officiers.

Je crois qu'il dort,
Ah le butord ! (*elle le pousse pour le réveiller.*)

PODAGRAMBO. (*Se levant*)

Paix , laissez moi tranquile,
Voulez vous bien finir ?
Je fais un Conte pour endormir
La Tête de Zirphile.

HARPAGINE.

AIR : N⁰ 196. *Il l'attrap'ra, il l'attrap'ra.*

O Ciel! je n'y puis rien comprendre.

PODAGRAMBO (*Avec miſtere.*)

A quelqu'un j'ai donné l'Anneau;
Tout doucement il va la prendre,
Pendant quelle fera dodo.
Allez un peu plus loin m'attendre,

HARPAGINE.

Imprudent qu'avez-vous fait là?

PODAGRAMBO.

Il l'attrap'ra   (*bis.*)

SCENE VII.

NINETTE, ACAJOU *ſous ſa figure naturelle.*

ZIRPHILE, HARPAGINE, PODAGRAMBO.

NINETTE. (*à Acajou & Zirphile*)

AIR : No 197. *J'aime mieux aller à la brune.*

Venez, venez, Couple charmant,
Qu'à leurs yeux l'Hymen vous uniſſe :

Leur pouvoir cesse en ce moment :
Triomphez de leur malice,
Triomphez, votre Amour fera leur suplice.

AIR : No 14. *Bouchez Nayades.*

(*à Podagrambo & Harpagine.*)
Vos remords font notre vengeance,
Malheureux ! fuyez ma présence.

(*Harpagine & Podagrambo, s'abiment.*)

Toujours les Méchans & les Sots
Sont dupes de leurs stratagêmes ;
J'amais ils n'ont dans leurs complots,
De plus grands Ennemis qu'eux mêmes.

AIR : N° 22. *De necessité necessitante.*
Je veux d'un seul coup de ma Bequille
Amener une Fête gentille :
Pour rendre la chose moins commune,
Transportons mes sujets dans la Lune.

A C A J O U & Z I R P H I L E.

D U O.

Amour à nos tristes soûpirs,
Fait succeder ta douce Yvresse ;
Sans les Tourmens de la Tendresse,
En gouteroit-on les Plaisirs.

BALET DE NAINS, SUJETS DE LA FE'E NINETTE.
F I N.

N. B. *La Musique des Trio d'Acajou se trouve dans les Airs gravés N*o *198. &199.*